AU COMITÉ

DE

SALUT PUBLIC.

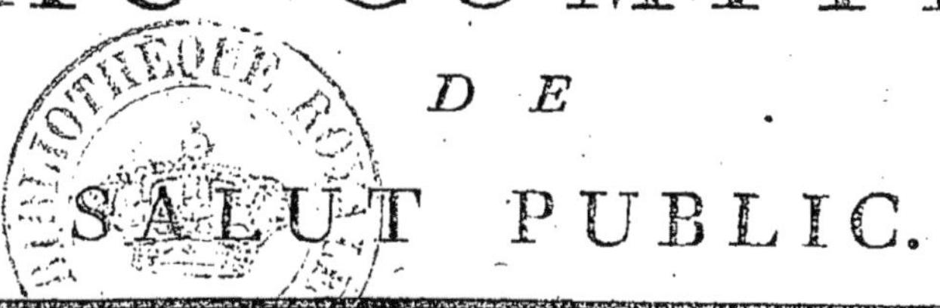

RÉPONSE DU CITOYEN *MITTIÉ,*
MÉDECIN.

REPRÉSENTANS DU PEUPLE,

J'AI reçu, le 26 frimaire, votre Arrêté du 13 du même mois, avec le rapport de la Commission de santé, du 16 brumaire, *sur le traitement des maladies véné-riennes.*

Plein de respect et de soumission, pour ce qui émane du Comité, je le prie de me permettre des observations ; elles sont dictées par mon zèle, mes lumières, et tendent au bien du peuple.

Citoyens, votre Arrêté ne va pas au but ; il n'est pas conforme à mes propositions, et il prête, trop, à la malveillance de mes ennemis.

Par cet Arrêté, vous n'admettez ni discussion, ni comparaison : cependant, ce sont les deux choses, que j'ai demandées

A

et que vous devez ordonner, si vous voulez le bien.

Dans cette matière, étrangère à vos connoissances, sans doute, vous avez con-
sulté des Officiers de santé? Eh bien!
celui qui a donné le plan de votre Arrêté, l'a fait *adroitement*, pour ne pas
dire *astucieusement*, de manière à garantir
la Commission de santé de la honte et du
reproche, que lui auroient attirés, par une
discussion publique et par des traitemens
comparatifs, la conviction et la publicité
de son ignorance et de sa mauvaise-foi.
Si ce n'est pas un homme de l'art, qui
a rédigé votre Arrêté, il n'a pas saisi
la question, ou il a été influencé par
la Commission, et il a calqué votre Arrêté sur son rapport, qui ne vaut rien;
d'ailleurs, vous n'avez entendu qu'une
partie (1).

La Commission, connoissant son insuffisance, et tenant plus à sa morgue
et à ses intérêts, qu'à la santé et à la
conservation du peuple, n'a point parlé,
dans son rapport, ni de répondre à mes

---

(1) Par la tournure que cette affaire a prise, il est à
présumer que c'est une affaire de Bureau, arrangée
entre un Commis et quelques Membres de la Commission de santé.

objections, contre l'usage du mercure, ni que les expériences seroient comparatives; ce que j'ai, expressément, demandé à la Convention Nationale. *Voyez* ma cinquième Pétition, pag. 6, dernière ligne et suivantes, où je dis :

Pour combattre l'erreur, le préjugé, l'ignorance, l'habitude, l'intérêt, l'orgueil, l'envie et la mauvaise-foi de mes adversaires, que puis-je, seul, contre tous ? Ma voix est étouffée, la vérité est méconnue, les faits et les écrits sont altérés, sont calomniés par la multitude.

Je vous prie donc, Citoyens, au nom de l'humanité souffrante, et pour le salut et l'intérêt du peuple, d'ordonner aux Officiers de santé, que la nation paie, de répondre à mes Objections contre l'usage du mercure, de prouver l'insuffisance des végétaux pour guérir la maladie vénérienne; ET, POUR AVOIR UN POINT DE COMPARAISON, *d'ordonner qu'il soit fait, sous vos auspices, des expériences publiques, suivant ma nouvelle méthode, et des traitemens avec les moyens ordinaires.*

S'il est une autre manière de se montrer, ou de faire mieux de ma part, qu'on me la prescrive, je me soumettrai à tout, pour le bien de la chose publique.

Ces demandes sont claires et positives; pourquoi la Commission de santé les a-t-elles éludées ?

C'est en discutant, développant et analysant une méthode, qu'on peut en connoître le bon et le mauvais : c'est en ayant, sous les yeux, des faits différens, qu'on peut les comparer et les juger. Voilà les moyens d'éclairer l'opinion publique, et de détruire un préjugé faux et funeste, que l'ignorance et la cupidité des partisans du mercure veulent maintenir.

Citoyens, guidé par l'humanité et le patriotisme, lorsque je vous ai proposé de si grands avantages, pour le peuple et pour la république, je ne vous ai demandé ni grace ni faveur; je me suis attendu que le Comité, pour le bien de la chose, voudroit me voir, et qu'il me nommeroit des Commissaires ou un Rapporteur, pour conférer avec eux, sur mes vues et mes moyens. C'étoit bien le moins, aussi, avant de prendre un Arrêté sur mes propositions, que le Comité daignât m'entendre et me consulter, sur une opération, dont le plan, l'exécution et le succès dépendent de moi ?.... Ce n'est pas ainsi qu'on encourage le travail, ni qu'on accueille le talent !

Citoyens, vous n'avez pas le temps de lire ce qu'on vous écrit; vos occupations ne vous permettent pas de recevoir, ni d'écouter le citoyen, qui a des avis et des moyens à vous communiquer, touchant le bien public; et comment pouvez-vous faire ce bien, si vous ne le connoissez pas ? et comment le connoître, si vous repoussez et rebutez le citoyen zélé et instruit, le seul qui puisse vous éclairer dans cette affaire de si grande importance ? ... C'est le peuple qui en souffre ! ...

Trop occupés d'autres objets, vous n'avez pas considéré celui que je vous ai présenté, sous les rapports de l'humanité, de l'économie et de la politique, comme il convenoit à des législateurs de l'envisager !.....

On décerne, avec éclat, une couronne civique à celui qui sauve la vie à un citoyen. Je l'ai sauvé à des milliers; j'offre les moyens, par succession de temps, de la conserver à des millions de citoyens, d'économiser à la république des sommes incalculables, et l'on garde le silence sur ces propo-

sitions ?.... Depuis cinq ans, les différens Comités, que la santé des citoyens
doit particulièrement intéresser, tels que
ceux de la guerre, de la marine, des secours
et d'instruction publique, n'ont pas daigné,
malgré mes démarches, mes mémoires,
mes pétitions, donner la moindre attention à des ressources si consolantes pour
l'humanité et si avantageuses pour la république !

Je ne me permettrai ni plaintes, ni reproches, crainte d'indisposer le peuple,
en lui faisant trop connoître que sa santé
et sa vie, par le manque de soin et de
vigilance de la part des autorités consti-
tuées, sont à la merci et le jouet de
l'ignorance, de la cupidité et de la charla-
tanerie du premier venu ! Mais, en voyant
de pareils abus, je ne puis m'empêcher de
dire : O peuple souverain ! tu ressembles
à un athlète qui se laisse manger par la
vermine !

Il est un fait aussi singulier qu'in-
croyable, que je ne puis taire ! parmi les
députés à la convention nationale, trente
membres sont médecins ; aucun d'eux n'a
pris, en faveur du peuple, la moindre
part, ni le moindre intérêt à ma découverte et à mes propositions ; soit pour

(7)

garantir le peuple d'une nouvelle erreur ,
soit pour concourir, avec moi, à le tirer de
celle dont il est, si cruellement, la victime
depuis trois siècles.

Je suis étonné que, par un mouve-
ment , si naturel à tout ami de l'humanité , à saisir l'occasion de secourir
ses semblables , ces médecins ne se soient
pas tous levés, spontanément , quand le
président de la Convention a renvoyé ma
pétition aux Comités réunis de la guerre
et des secours, et que chacun de ces médecins n'ait pas demandé d'être commissaire ,
dans une affaire de leur compétence , pour
l'examen et l'emploi d'une découverte, qui
les auroit immortalisés , avec elle, par
le bien qu'ils auroient fait et assuré, pour
toujours , au peuple et à la république.

Le peuple , en nommant ces médecins
députés , les a investis de son pouvoir ,
pour coopérer , avec les autres députés ,
à faire ce qui tend au bonheur commun.
La santé étant ce que chaque individu a de
plus cher , et contribuant pour beaucoup
au bien de la chose publique, il étoit naturel de penser que ces médecins serviroient
le peuple, de la manière qu'il étoit en
leur pouvoir de faire le mieux; car, quelles
que soient les connoissances de ces méde-

A 4

cins, étrangères à la médecine, il est à présumer qu'en général, celles qu'ils possèdent le plus, sont relatives à leur profession, et que le peuple doit attendre d'eux, sous le double titre de député et de médécin, plus de lumières et de services à l'égard de sa santé, qu'en politique, en guerre, en commerce, en finance, etc. Je ne porterai pas plus loin mes observations. Je laisse aux bons citoyens et amis de l'humanité, à rechercher la cause d'un procédé aussi extraordinaire, de la part de ces médecins députés, à qui tout citoyen a le droit de demander, en les voyant siéger à la Convention : que fais-tu là ? On peut également appliquer les mêmes réflexions au Comité d'instruction publique.

Citoyens, si vous voulez donner aux militaires les secours prompts, dont ils ont un besoin si grand et si urgent ; si vous voulez avoir, au printemps prochain, quarante à cinquante mille hommes de plus, et toujours sous les armes, durant la guerre, faites ce que je propose dans mon Mémoire à votre Comité, page 6.

Il ne s'agit que d'autoriser l'administration des régimens et des hôpitaux à se procurer, ou de leur fournir un certain nombre de traitemens. Les Chirur-

giens-majors des régimens et des vaisseaux traiteront les malades qui seront à leur corps, et les Chirurgiens des hôpitaux se débarrasseront, en peu de temps, de ce genre de malades, qui les encombrent. A l'avenir, on n'enverra plus les vénériens à l'hôpital, à moins que la violence des symptômes de la maladie ne les oblige d'y aller, ce qui arrive rarement.

La Commission des secours publics peut également employer le même moyen dans les campagnes, les hôpitaux civils et les dépôts de mendicité. Les malades seront traités humainement, commodément, et guéris plus sûrement et plus promptement ; aucun ne souffrira et ne périra du remède ou de la maladie, et pendant leur traitement, tous seront rendus à leurs travaux ; avantages inappréciables pour la République.

Par ce moyen, vous irez, directement, à votre but, qui est de vous procurer des soldats et d'épargner des sommes immenses. Vous ne perdrez pas un temps précieux, à attendre l'issue de nouvelles expériences, qui deviennent superflues, après celles que j'ai faites ; elles ne serviroient qu'à mettre encore aux prises, sans utilité, le savoir et l'ignorance, la probité et la mauvaise-foi , et à donner lieu à des chicanes , à des contestations , toujours suscitées par l'envie et la mâlveillance. La Commission a tracé le plan de ces expériences , de manière à pouvoir, à son gré, en contester, atténuer ou nier le succès.

Par la voie que je propose , vous mettez à même les Officiers de santé , de bonne - foi et bien intentionnés , de juger de la nature et de la bonté du remède , par son analyse et par ses effets. La Commission de santé se convaincra , également , (quoiqu'elle n'en doute pas) qu'il n'entre point de mercure dans la composition de mes remèdes. Elle ne dira pas (comme elle en auroit pris le prétexte , si j'avois fait des expériences particulières) que des malades éloignés, traités à mon insçu , ont été guéris par le mercure , que moi ou mes agens leur avons administré clandestinement ; comme elle a la noirceur et la méchanceté de le donner à croire , dans son rapport au Comité, en lui recommandant , *de nommer des Commissaires , pour veiller , scrupuleusement , à ce que le citoyen Mittié , ni celui qu'il chargera d'appliquer sa méthode , ne se servent d'aucune prépa-*

ration de mercure. Un homme ne se permet pas des doutes sur la probité d'un autre, sans en donner sur la sienne? encore moins, sans raison et sans motif. Dolus non presumitur sed probatur. Comment la Commission de santé, dans son rapport, qui est une réponse directe à ma Pétition, où je certifie, sur ce que l'honneur et la probité ont de plus sacré, que les végétaux, seuls, les plus doux et les plus communs de la France, ont la propriété de guérir la maladie vénérienne, comme l'eau a la propriété d'éteindre le feu ; comment, dis-je, a-t-elle osé se permettre un soupçon aussi injurieux, après une pareille déclaration ? Il faut qu'elle me prenne pour un homme bien faux, bien impudent et bien mal-adroit ! Sans doute, les membres de la Commission m'ont jugé d'après eux ? L'injustice et les tracasseries que j'ai essuyées, jusqu'ici, de la part de la Commission, ne m'avoient causé que de l'humeur; mais l'intention de me faire passer pour un fourbe, pour un jongleur, m'inspire le plus juste et le plus profond mépris pour ceux qui ont signé le rapport de la Commission.

La cause et le but de cet indigne procédé , dont l'état est lésé et le peuple victime, rendent le procédé encore plus odieux.

Citoyens, d'après mes propositions, on peut user de mes remèdes, avec la plus grande sécurité, sur leur nature et leurs effets, et j'en garantis l'efficacité. Elle est confirmée par cinquante ans de pratique, trois expériences publiques, quarante particulières, vingt mille guérisons opérées de cette manière, mille soldats traités, la campagne dernière, sous la toile et *par la voix publique* (1) ; sans compter plusieurs écrits, que j'ai publiés, sur cette maladie, auxquels mes plus grands antagonistes n'ont pu et ne peuvent répondre..... Citoyens, quelles preuves pouvez - vous me demander et puis-je vous donner de plus ?

Ce que la Commission dit, dans son rapport, devroit suffire : *Il est incontestable que le procédé du citoyen Mittié doit avoir des succès, puisqu'il emploie des végétaux.* Pourquoi donc ne pas s'en servir ?

Il faut regarder ce qui précède et qui suit, dans le rapport, comme l'effet de la jalousie et de l'amour-propre de gens

---

(1) Aujourd'hui, plus de deux cents malades, en plein traitement, vaquent à leurs affaires, malgré la rigueur de la saison, sans en être incommodés.

qui ne veulent pas convenir que je fais mieux et que j'en sais plus qu'eux.

Eh ! pourquoi, Citoyens, ne feriez-vous pas, pour le militaire, ce que je fais pour le peuple ? J'ai établi, à Paris, un dépôt de remèdes (1), où le soldat et le particulier, vont, ou envoient prendre le traitement dont ils ont besoin.

Eh ! pourquoi, Citoyens, puisqu'il y a tant à gagner, pour l'état, ne fourniriez-vous pas au soldat, réduit à sa paye, ce que le soldat aisé se procure pour sa guérison ? Faites prendre, à ce dépôt ou chez moi, quelques milliers de traitemens ; envoyez-les aux armées, pour les distribuer au soldat atteint de maladie vénérienne ; il se traitera, lui-même, en faisant son service, ou le chirurgien du corps sera chargé de suivre le traitement. On ne verra plus de soldats aller à l'hôpital, où ils savent qu'ils sont si mal traités. Le succès de cette expérience surpassera votre attente.

Comme mon intention est que ma méthode de guérir cette maladie, soit publique, devienne universelle, et que cha-

____

(1) Il est à souhaiter qu'ils soient connus dans les Départemens ; ces remèdes y feroient un grand bien et préviendroient de grands maux.

que Citoyen, particulièrement l'habitant de la campagne, puisse se traiter, avec des végétaux doux et les plus communs, qu'il a sous la main, sans frais, sans les secours de médecin ou de chirurgien et sans s'exposer au plus léger accident; les expériences proposées, par votre Arrêté, auront lieu, je les accepte volontiers; mais je le répète, Citoyens, qu'autant qu'elles seront comparatives, et que la Commission de santé et les Chirurgiens en chef des armées et des hôpitaux, auront, préalablement, répondu à un des deux ouvrages, intitulés, l'un, *Avis au Peuple;* l'autre, *Objections contre l'usage du mercure, avec des réflexions sur l'erreur, le préjugé, l'ignorance et la mauvaise-foi de ses partisans.*

Représentans du peuple, usez du pouvoir qu'il a mis en vos mains; ordonnez en son nom, aux Officiers de santé que j'ai désignés, de répondre à mes objections contre l'usage du mercure, sous peine de destitution s'ils ne le font pas. Puisque le peuple les salarie, ils doivent obéir; son salut le commande.

Quant à moi, quoique septuagénaire et très-valétudinaire, sans place, sans émolument, sans fortune, n'ayant jamais rien reçu , à titre d'honoraire , de récompense, d'encouragement, d'indemnité pour les peines que j'ai eues , le temps que j'ai employé, les avances et les dépenses immenses que j'ai faites , depuis trente ans, pour le soulagement du peuple ; et pour prix de mon zèle , les droits de l'homme les plus sacrés , ceux de liberté et de propriété, ayant été violés à mon égard !... Aigri par l'injustice ; abreuvé de fiel par la calomnie ; dégoûté de l'ingratitude des malades; indigné de la mauvaise-foi de la plupart des gens de l'art ; blessé des déboires que j'ai réçus ; fatigué des démarches que j'ai faites ; rebuté par les obstacles que je rencontre à faire le bien ; affligé de l'indifférence avec laquelle nos Représentans envisagent ce bien; mais encore plus , enflammé du desir de servir ma patrie et l'humanité , je voue au peuple , malgré ce que j'ai souffert dans mon repos , ma réputation et mon bien-être pour le servir, ce qui me reste , de facultés morales et physiques, pour lui procurer des secours qu'il ne doit attendre d'aucun Officier de santé. A la fin de ma carrière, le temps presse. Représentans , si vous voulez prévenir les reproches du peuple et de la postérité, c'est à vous de seconder mon zèle et d'employer mon talent, de manière que cinquante ans d'un travail neuf, profond, suivi, et unique dans son genre, que le fruit de l'expérience la plus longue et la plus éclairée, que la découverte la plus savante en médecine, la plus utile à l'humanité, et la plus avantageuse à la république ne soient pas perdus. Que la Commission, offusquée des épithètes que je donne à mon travail et à ma découverte, ose les attaquer. Je la défie, elle, ses adhérens, mes détracteurs et tous les partisans du mercure, de le faire.

Citoyens, invitez aussi le Comité d'instruction publique à donner plus d'attention à une découverte des plus heureuses pour l'humanité, découverte qui honore les arts et mérite de faire époque dans notre révolution.

Quant au rapport de la Commission, après me l'avoir refusé, elle me l'a envoyé, sur la présentation de la lettre du Comité, mais sans signatures. A cette illégalité, la Commission a joint le refus de me donner le nom des membres qui ont signé. Sans doute, ils ont senti qu'ils avoient à rougir et à se reprocher d'avoir fait un rapport, où il n'y a ni savoir ni bonne-foi, et ils ont craint que la publication de ce rapport ne les fît connoître. Mais je me suis procuré, ailleurs, le nom des signataires, qui sont, *Becu*, *Grosfier*, *Bertholet*, *Lacoste*, *Verges*, *Bayen*, *Hego*, *Pelletier*, *Thiéry*, *Biron* ; médecins, chirurgiens, apothicaires et secrétaires (1).

Ces Officiers de santé, au lieu de se laver des inculpations graves et honteuses d'ignorans et d'homicides, et de détruire les preuves que j'en ai données ; au lieu de justifier leur routine du reproche d'être aveugle, insuffisante, assujettissante, meurtrière, etc. etc. etc. et le remède cent fois pis que le mal ; au lieu de porter un jugement éclairé, de donner un avis motivé, et une réponse cathégorique à la demande du

---

(1) Un citoyen, instruit de ce qui se passe à la Commission de santé, m'a écrit : La montagne vient d'accoucher d'une souris ! en m'annonçant que la Commission avoit fait un rapport au Comité de Salut public, sur le Mémoire que je lui avois présenté ; et en nommant l'auteur du rapport, *Bayen*, *Apothicaire*, il ajoute : C'est un coup de pied de l'âne. Le fait, considéré individuellement, ce citoyen a raison : mais comme ce rapport a été lu, revu, corrigé et adopté par la Commission, ce rapport étant l'ouvrage de tous les membres, la chose prise collectivement, je puis dire : C'est un coup de pied de toute l'écurie.

Comité , sur le parti à prendre , concer-nant mes propositions de guérir avec les végétaux , seuls , au prix le plus modique (1), sous la toile ou à la chambre , en hiver comme en été , sur mer et sur terre , en vivant à l'ordinaire et continuant leur service , les soldats atteints de la maladie vénérienne , sans les exposer au moindre accident , ces Officiers de santé ont fait un rapport faux , bête , injurieux , qui prouve l'incapacité et la mauvaise-foi des membres de cette Commission (2).

Sous quelle que dénomination elle ait existée , depuis trente ans , elle a toujours empêché ou entravé le bien proposé pour la santé des citoyens. La morgue , la jalousie , le despotisme , l'arbitraire , la partialité , l'intérêt , l'égoïsme , l'insubordination et l'incapacité relative ou absolue , ont tou-

---

(1) *Quinze livres* par malade , tandis que les journées d'hôpital sont , à présent , de *douze livres ;* le terme moyen du traitement est de *soixante jours ;* chaque vénérien coûte *sept cent vingt livres.* Il y a deux cent mille de ces malades par an , qui coûtent à la république cent quarante quatre millions , sans compter les dépenses accessoires.

(2) Incessamment, je publierai ce rapport avec mes observations.

jours été le caractère dominant de cette espèce de tribunal; le même esprit y règne encore; et aujourd'hui, la plupart de ses membres, placés par faveur ou par intrigue, sans talent, sans expérience, incapables de faire le bien, ont encore la malveillance de s'opposer à ce que d'autres le fassent.

L'organisation de la Commission de santé est vicieuse; sa composition est mauvaise; ce qui en sort fait pitié, et elle ne peut mériter ni confiance ni considération.

Le Comité de Salut public ne doit pas compter sur des hommes qui sacrifient, à leur ignorance et à leurs passions, la vie des citoyens et les intérêts de la République.

Ne pensez pas, Représentans, que ces reproches soient une récrimination de ma part, contre mes adversaires. Cette vengeance est au-dessous de moi : la seule que je veuille tirer de mes ennemis, et qui tourne au profit de l'humanité, est de leur enseigner à faire le bien, comme moi.

Vous ne pouvez, Citoyens, avoir une idée des maux que font et des horreurs dont sont capables la plupart des Officiers de santé, et le nombre en est grand, qui joignent l'ignorance à la prétention au savoir, et le desir de venger leur orgueil blessé, quand ils sont démasqués, au pouvoir qu'ils ont, par leur place, d'empêcher le bien et de faire le mal impunément. Pour soutenir une opinion, toute fausse et funeste qu'elle soit, rien n'est sacré pour eux!

Quelles seront votre surprise et votre indignation, quand vous connoîtrez la conduite de la Commission de Santé ! Dans les intentions les plus criminelles, et par les voies les plus basses, elle n'a cessé, depuis trente ans, de s'opposer au bien que j'ai voulu faire. Elle cherche, aujourd'hui, par des raisons fausses, astucieuses et puériles, à éluder ou éloigner ce même bien, dont le moindre retard à le faire est si préjudiciable au peuple et à l'état.

Ne pouvant attaquer mon savoir, la Commission attaque ma probité. Sans preuve, sans indice, elle vous donne des doutes sur la nature de mes moyens et sur leur efficacité, tandis que, depuis six ans, elle a en main, les preuves les plus convaincantes de ma loyauté, de la nature de mes remèdes et des succès constans de ma méthode, au lieu de concourir avec moi, d'après sa conviction, à soulager nos frères d'armes. Le silence qu'elle a gardé, sur ces pièces, celles qu'elle a soustraites, les rapports faux et clandestins qu'elle a faits, sont, à mon sujet, une perfidie sans exemple, une cruauté inouie à l'égard de nos concitoyens, et envers l'état un crime de lèse-humanité! Cette infidélité, pour mieux dire, cette atrocité, a fait languir dans les hôpitaux *quatre cent mille soldats, sans compter ceux qui sont morts ; elle a coûté à la République plus de trois cent millions !....* Et voilà les preuves du zèle, des lumières, de l'humanité et du patriotisme de ces hommes choisis, pour être, à l'égard de la santé du peuple, le Conseil de la Convention nationale et le flambeau des Officiers de santé de la République !

Ces vérités sont cruelles ; il vous importe, Citoyens, de les connoître. En vrai républicain, je me fais un devoir de vous les dire, vu la nécessité d'en arrêter, promptement, les funestes conséquences. En attendant, aucune considération ne m'empêchera de publier ces vérités, pour *éclairer et servir* le Peuple. C'est dans cette vue, Citoyens, que j'ai pris la voie de l'impression, pour ma réponse, afin de répandre plus facilement les vérités qu'elle contient.

Il est bien étonnant que depuis trente ans, les faits et les écrits que j'ai publiés, sur la maladie vénérienne, propres à convaincre, en portant les preuves jusqu'à l'évidence, n'aient produit aucun effet sur les gens de l'art ni sur les hommes en place. Sourds aux cris de la raison et de l'humanité, les uns voient faire le mal avec la même indifférence avec laquelle les autres le commettent? Cependant, tous les ans, une économie de deux cent millions, pour l'état et le particulier, le rétablissement de la santé, et la continuation du travail de douze cent mille citoyens, au nombre desquels se trouvent deux cent mille défenseurs de la Patrie, méritent quelque attention !

Peut-on concevoir que, parmi les membres de la Commission de santé actuels et leurs prédécesseurs, et parmi les Chirurgiens en chef et autres des armées et des hôpitaux, il n'en est pas un qui ait répondu, je dis plus, *il n'en est pas un, qui puisse répondre à mes Objections contre l'usage du mercure?* Néanmoins, plutôt que d'admettre une méthode simple, douce, facile, éclairée et certaine, la Commission et ces Officiers de santé, dans la crainte qu'en adoptant ma méthode, ce ne soit un aveu public de leurs erreurs et de leur ignorance, une preuve manifeste de leur injustice et de leur mauvaise-foi à mon égard, et que cela nuise à leurs intérêts et humilie leur amour-propre, ils aiment mieux, aux dépens de la vie des citoyens et au mépris des intérêts de la République (1), s'obstiner à maintenir leur vieille routine, qu'ils ne peuvent défendre d'être aveugle, absurde, infidelle et meurtrière, uniquement fondée sur l'ignorance et de faux

---

(1) Il seroit injuste de prêter à tous les Officiers de santé la même conduite et la même manière de voir, à l'égard du mercure et de la maladie vénérienne. Il en est beaucoup d'instruits, qui, convaincus de l'infidélité et des inconvéniens du mercure, s'en servent, faute d'autres moyens : s'ils connoissoient les miens, ils s'empresseroient de les employer. C'est pourquoi, dans ma lettre du 6 thermidor dernier, au Commissaire de la Commission des secours publics, j'ai proposé de lui remettre un nombre suffisant de mes principaux ouvrages, et de les faire passer aux Médecins et Chirurgiens en chef des armées et des hôpitaux. Ces Officiers de santé y puiseroient des connoissances nouvelles et certaines sur la cause des dangers et des accidens inséparables de l'usage du mercure, même dans ses effets les plus salutaires ; sur la nature et l'action des végétaux que j'ai indiqués, et sur la manière de les administrer, pour la guérison de la maladie vénérienne.

J'ai eu l'attention d'envoyer ce que j'ai publié, de plus intéressant, sur cette matière, à tous les membres de la Commission de santé, pour les éclairer et fournir des matériaux à leur rapport ; soit qu'ils ne m'aient pas lu ou qu'ils ne m'aient pas compris ; soit mauvaise volonté, ils n'en ont pas fait usage.

préjugés, contre laquelle s'élèvent le savoir et l'expérience, et que, sous tous les rapports, la raison et l'humanité doivent proscrire.

..... Ainsi la chose publique, la santé et la vie de *douze cent mille citoyens*, chaque année, sont sacrifiées à l'ignorance, à la morgue, à l'entêtement, aux intérêts et à la mauvaise-foi de quelques particuliers!

Il est à souhaiter que le peuple connoisse ces vérités, pour son salut; que la Convention nationale jette les yeux sur le tableau que je lui ai présenté, de ce que le citoyen et la république souffrent par les maladies vénériennes, et qu'avec les moyens que j'offre, elle garantisse le peuple des maux et des dangers auxquels le besoin et une aveugle confiance l'exposent.

Que le glaive de la justice soit suspendu entre mes adversaires et moi; qu'il frappe ma tête, si je les calomnie, ou qu'il venge le Peuple du mal qu'ils lui font, et des obstacles qu'ils mettent au bien que je veux et peux lui faire.

MITTIÉ, *Médecin de Paris, un des plus anciens Officiers de santé des armées et des hôpitaux.*

Paris, ce 15 Pluviôse, l'an troisième de la République Française, une et indivisible.

De l'imprimerie de CORDIER, rue et maison ci-devant Sorbonne, N°. 382.